ALLOCUTION

PRONONCÉE EN

L'ÉGLISE SAINTE-ANNE-DE-ROANNE (Loire)

POUR LE MARIAGE DE

M. Joseph MARLHENS

AVEC

Mlle Claire POMÉON

PAR LE

R^d P. L.-D. MARLHENS
DES FRÈRES PRÊCHEURS, DOCTEUR EN THÉOLOGIE

le Lundi 6 Juin 1904

ALLOCUTION

PRONONCÉE EN

L'ÉGLISE SAINTE-ANNE-DE-ROANNE (Loire)

POUR LE MARIAGE DE

M. Joseph MARLHENS

AVEC

Mlle Claire POMÉON

PAR LE

R^d P. L.-D. MARLHENS

DES FRÈRES PRÊCHEURS, DOCTEUR EN THÉOLOGIE

le Lundi 6 Juin 1904

Mon cher Frère, ma chère Sœur,

Mes Frères,

L'acte que vous allez accomplir, vous me l'avez dit à plusieurs reprises, mon bien cher Frère, et je suis heureux de m'en souvenir maintenant, c'est pour vous : le grand acte. Vous n'avez pas, sans doute, prononcé ce mot sans en saisir la portée. Aussi me dispenserai-je d'en faire un long commentaire.

C'est en parlant de ce grand acte, pour

rappeler aux premiers chrétiens tous les devoirs qu'il comporte, que l'apôtre saint Paul disait : « C'est un grand Sacrement, *magnum sacramentum* », c'est-à-dire une chose sainte, un contrat, une union instituée par Dieu et irrévocable ; un grand sacrement, ajoutait l'apôtre, encore et surtout à cause du Christ et de son Eglise. Et, en effet, l'union de l'Eglise et de Jésus-Christ est devenue l'idéal de toutes les unions en ce monde, et de la plus forte de toutes qui est le mariage.

Plus donc le mariage se rapproche de cet idéal et plus il est grand et digne de l'homme, car y a-t-il rien de plus glorieux pour l'homme, être intelligent, que de ressembler à Dieu qui est la perfection même.

Je voudrais faire resplendir, un instant, à vos yeux cet idéal des époux chrétiens et vous montrer par là ce que doit être votre union.

Mes Frères, Dieu a tant aimé le monde qu'il a donné son Fils pour le sauver et le ramener à Lui, principe de toute vie et de tout bonheur. C'est là le mystère de l'Incarnation sur lequel repose, vous le savez, toute notre foi et toute notre espérance. Si ineffable soit-il, nous en comprenons cependant les termes : Union de la nature humaine avec la divine, dans une même personne, celle du Verbe fait chair; rapprochement, si je puis dire, en cette personne du corps et de l'âme que sont les nôtres, avec la divinité, pour aboutir à ce chef-d'œuvre divin qui s'appelle le Dieu-Homme.

Or, parce que, en vertu de cette union profonde, il est à la fois très véritablement Dieu-Homme, Notre Seigneur Jésus-Christ, en vertu, dis-je de cette union, est aussi Médiateur, Intermédiaire, Trait d'union entre Dieu et l'homme; il est encore, de ce chef, c'est la conséquence logique, tête du genre humain, sans lequel il reste voué à la mort et à la corruption, comme un corps sans tête, mais aussi, avec lequel et par lequel il vit et se perfectionne, par le continuel influx de la grâce qui, tombant du sein du Père sur l'humanité adorable du Sauveur, rejaillit de là sur toutes les âmes qu'il vivifie.

Et c'est ainsi qu'est réalisé, par l'union du Christ et de l'Eglise, c'est-à-dire de tous les fidèles qui croient en Lui, cet organisme spirituel, puissant, hors duquel il n'y a que déchet et mort, mais par lequel, je le répète, il n'y a que vie et bonheur.

Dites-moi, mes Frères, si vous savez une union plus étroite, plus complète, plus indissoluble ?

Et ce n'est pas tout. Vous savez comment a été consommée cette union : pour l'Eglise (pour nous), Jésus-Christ, son chef, son époux, a versé jusqu'à la dernière goutte de son sang. Or, ce même Sauveur le disait un jour à ses disciples et je ne sache un cœur humain, si indifférent qui ne soit capable de vibrer à cette parole : « Donner sa vie pour ses amis, l'amour ne peut aller plus loin ! » Eh bien ! c'est de cet amour qu'est mort notre Sauveur pour son Eglise. Encore un coup, dites-moi, mes Frères, si vous savez une union plus étroite, plus noble, plus féconde, cimentée d'un meilleur ciment ?

Le mystère que je viens de rappeler en peu de mots, mon bien cher Frère, et ma chère Sœur, est pour vous instruire. Je n'ai pas de plus bel idéal à vous proposer, et ce serait la perfection que de le réaliser.

※

Il vous dit d'abord : le mariage, entre chrétiens, ne doit pas être le résultat d'un entraînement irréfléchi des cœurs, ni même le simple accord de deux volontés et de deux vies se rapprochant pour se confondre; perfectionné par la grâce, il doit être la copie de la plus sainte des unions.

Il vous dit ce que Jésus-Christ a été pour son épouse et l'excès d'amour qui l'a enfin fait mourir pour elle; et ce que l'Eglise à son tour est pour son époux, tenant à lui par la fidélité (par la foi), n'ayant d'autre ambition que de lui plaire et de le glorifier, et sa fidélité n'a pas de tâche, et son amour et son dévouement sont sans bornes.

Eh bien, soyez cela l'un pour l'autre, si vous voulez réaliser la plus belle des unions.

Ainsi, vous goûterez ensemble les joies pures et légitimes de la vie; *elles augmentent*, savez-vous, quand on les partage; ensemble aussi vous accepterez les épreuves de l'existence; *elles diminuent* quand on en soutient ensemble le fardeau; ensemble aussi vous prierez, car il n'y a rien qui unisse plus profondément les cœurs : les âmes s'aimant d'avantage quand elles se touchent en Dieu.

Vous apporterez donc, mon cher Frère et ma chère Sœur, pour les mettre en commun, chacun les qualités différentes qui, fondues ensemble feront le bonheur de votre foyer.

Vous, mon cher Frère, vous mettrez dans ce trésor moral de la vie commune les ressources précieuses d'un esprit élevé, judicieux et droit, qui, sans doute, ne sont pas les plus essentielles au bonheur du foyer, mais sans lesquelles aussi le foyer manque de cet éclat doux et puissant qui, au dedans, l'illumine et l'anoblit, qui sont au dehors le meilleur gage de considération et de respect ; vous y mettrez encore et surtout, dans ce trésor les ressources plus précieuses et indispensables d'une volonté ferme sans opiniâtreté ; d'une franchise et d'une noblesse qui sont le fondement de la confiance et de l'estime ;

vous y mettrez par-dessus tout cette bonté et cette sensibilité tombées du cœur de vôtre pauvre père dans le vôtre et qui sont la plus noble part de son héritage moral.

Oh ! mon cher Frère ; je ne voudrais pas en ce moment faire couler des larmes ; puis-je pourtant ne pas évoquer ici ce cher souvenir d'un père à qui vous devez, après Dieu, ce qu'il y a de bon en vous et qui eût été si heureux à cette heure solennelle de vous donner à cette chère enfant qui a séduit votre cœur. Je puis bien croire que du haut du Ciel où ses souffrances lui auront mérité une si belle place, il inspire en ce moment à votre âme les sentiments qui avaient fait de sa vie un si parfait modèle d'honnêteté et de religion. Si j'essayais de vous les traduire, peut-être les amoindrirais-je et les sentiriez-vous moins. Je vous sais trop d'ailleurs capable de les comprendre et le passé me répond de l'avenir.

Et votre mère aussi est absente et vous l'avez à peine connue ! Pourtant, vous lui devez beaucoup, et son souvenir ne doit pas vous quitter dans les difficultés de la vie. N'est-il pas vivant d'ailleurs, ce souvenir, dans la personne de cette chère sœur qui est d'autant plus digne de tenir ici la place de votre mère, qu'elle l'a mieux remplacée auprès de vous, jusqu'à ce jour. Vous allez lui donner désormais dans votre vie nouvelle la meilleure récompense qu'elle mérite.

Ainsi donc vous consacrerez au bonheur de cette enfant toutes les qualités que vous avez puisées à ces deux sources bienfaisantes. Par contre, vous reconnaîtrez chaque jour davantage dans celle qui se donne à vous aujourd'hui un esprit et un cœur capables de réfléchir le vôtre, de vous en renvoyer plus belles les pensées, plus délicats les sentiments ; vous verrez surtout en elle une âme immortelle, rachetée par le sang de Jésus-Christ et vivifiée par sa grâce, que Dieu vous confie à cette heure, comme un trésor sacré dans lequel vous pourrez puiser à pleines mains, et que vous devrez aussi conserver et accroître en vous dévouant tout entier à son bonheur.

❧

Pour vous, ma chère Enfant, je sais, d'après des témoignages bien sûrs, tout ce que vous apporterez dans votre vie nouvelle de sens droit, de tact et de dévouement en toutes choses. En fait de dévouement surtout, vous avez déjà fait vos preuves : tout le monde le sait ici. Eh bien ! vous continuerez à l'employer désormais et sans relâche au bonheur de votre époux. C'est, avec la fidélité, la première des vertus qui doit entrer au foyer ; la dernière qui en doit disparaître. Oui, il vous faudra du dévouement, c'est-à-dire des sacrifices, demain et tous les jours, et je ne puis vous promettre que vos yeux ne connaîtront jamais les larmes. Il y a peut-être naïveté à vous dire cela ; pourtant on ne saurait le dire à toutes les femmes, parce que peu sont capables de le comprendre.

Vous m'avez compris, n'est-ce pas, ma chère Enfant ; votre timidité, et la timidité c'est comme l'humilité en acte, ne vous empêchera pas de me répondre résolument : Oui.

J'ai dit, tout à l'heure, que je connaissais de source certaine toutes ces qualités dont Dieu a orné votre âme et que vos parents, votre bonne mère surtout, se sont plu à développer, elle qui avait obtenu l'estime et l'affection de tous ceux qui l'ont approchée. Ceux qui m'ont appris à vous connaître de la sorte et qui sont les heureux témoins de votre union, étaient dignes de vous apprécier, parce qu'ils avaient les mêmes sentiments que vous et que, peut-être, vous leur en étiez en peu redevable. Et je dis de même de ces amis qui ont si bien su, par leur désintéressement tout dévoué, seconder les vues de la Providence sur cette union.

Tous unis dans ce même sentiment, nous prions Dieu de vous bénir, de bénir votre union, de la rendre telle qu'elle doit être, intime, immuable, féconde pour le bien de l'Eglise et du Pays. Dieu n'a pas voulu trop assombrir cette belle journée par l'absence de deux exilés qui vous chérissent tant : je lui en rends grâce, et, en son nom, en y mettant toute mon âme, je dis : Soyez bénis. Ainsi-soit-il.

Lyon. — Imp. A. Rey, 4, rue Gentil. — 36550

www.ingramcontent.com/pod-product-compliance
Lightning Source LLC
Chambersburg PA
CBHW060928050426
42453CB00010B/1894